JAN SYLVESTER

DER CORONA-KLASSIKER:

DIE BESTEN

365

CORONA-WITZE

...UND ANDERER CORONA-BLÖDSINN

JAN SYLVESTER

DER CORONA-KLASSIKER:

DIE BESTEN

365

CORONA-WITZE

...UND ANDERER CORONA-BLÖDSINN

**DER LUSTIGE
BEGLEITER
FÜR JEDEN TAG**

**VON DEN BESTEN KLASSIKERN & EVERGREENS
BIS ZU DEN ALLERNEUESTEN LOCKDOWNERN!**

Bibliografische Information der Deutschen Nationalbibliothek:
Die Deutsche Nationalbibliothek verzeichnet diese Publikation in der
Deutschen Nationalbibliografie; detaillierte bibliografische Daten sind im
Internet über http://dnb.dnb.de abrufbar.

Lektorat: Theodoria von Taubenstein

Herstellung und Verlag: BoD – Books on Demand, Norderstedt

ISBN: 978-3-7557-7644-4

VORWORT

Ob alte Klassiker mit langem Bart, bekannte Evergreens oder allerneueste Bonmots – in diesem Klassiker werden die besten Corona-Witze und andere Blödeleien vom Anfang der Corona-Pandemie im Frühjahr 2020 bis heute gesammelt. Ganz gleich, ob wir den einen oder anderen wieder erinnern oder Neues lesen, es wird viel zum Schmunzeln und Lachen geben.

Der Leser wird sowohl auf Lustiges von geradliniger Einfachheit oder banaler Plumpheit stoßen als auch auf so manchen Witz mit subtilem Humor oder gewisser Tiefe. Und immer schwingt bei aller Zuspitzung, Übertreibung und Absurdität auch ein wenig Erfahrung und Wahrheit zu unser aller Schicksal in der weltweiten Pandemie mit.

Aber darf man überhaupt lachen über Corona, darf man überhaupt Corona-Witze machen? Diese Frage sollte natürlich jeder für sich selbst beantworten. Lachen scheint vielen Menschen gerade in schwierigen, spannungsreichen Zeiten immer wieder zu helfen. Lachen, auch über das eigene problematische Sein in der Welt und gerade in unangenehmen, herausfordernden Situationen, ja sogar unter lebensbedrohlichen Umständen, kann bekanntlich helfen, Stress zu mindern und auch Angst zu reduzieren.

Immer schon hat es Humor gegeben. Mit dabei waren auch stets humorvoller Sarkasmus, Satire, schwarzer Humor und selbst Galgenhumor in Auseinandersetzung mit der eigenen Situation.

Gerade in schweren und allerschwersten Stunden tut es so manch einem gut, ein wenig zu schmunzeln, zu lächeln und vielleicht gerade trotzdem herzhaft zu lachen – und sei es auch nur für den Moment. Und das tut nicht nur dem gut, der positiv sein will - also wir meinen hier nicht positiv auf Corona getestet – sondern allen. Denn Humor kann Spannungen lösen und für einige Zeit abhanden gekommene Leichtigkeit wohltuend wiederbringen. Wie wäre es nur, wenn der Mensch bei all der Schwere und all dem Leid im eigenen Dasein und in der Welt seine kurze Zeit auf Erden ausschließlich angemessen schwermütig und betrübt verbringen würde?

Statt in Depression und negativem Fatalismus zu leben, kann Humor – und auch der schwarze Humor – eine gewisse Unabhängigkeit von der Fremdbestimmtheit durch das Schicksal bringen. Humor kann entkrampfen und befreiende Wirkung von Leid haben. Und Humor kann sinnvollen Abstand zur Situation bringen und aktive Selbstbestimmtheit erhalten.

Durch Humor erreichten Mindestabstand schafft man meist mehr Gutes als Schlechtes für andere und für sich selbst – nicht nur in der Corona-Pandemie, sondern auch in der `dauerhaften Pandemie des Lebens´. Und wenn man mit diesem Mindestabstand das Leben zusätzlich noch mit einem Lächeln angeht, ist das umso besser, wie uns der immer lächelnde Buddha lehrt. Man weiß aber auch, dass ein solches Lächeln gerade in schwierigen Zeiten eine hohe Kunst ist und dass auch diese gelernt und geübt sein will. Dieses Buch möchte dabei eine kleine Hilfe sein.

`Der Edle hasst es in den Tiefen zu verweilen´, sagte der weise Konfuzius. Vielleicht können uns die Worte dieses Mannes aus China den mit Abstand besten Weg aus den Tiefen der Pandemie weisen – auch wenn oder gerade weil er positiv war und `made in china´ und er sich dafür nun schon recht lange gehalten hat.

„Ich lese keine Corona-Witze.
Es gibt dazu noch keine Langzeit-Studien."

Coronawitze sind geschmacklos.

Ansteckungsgefahr:
Wenn Du diesen Witz liest, bitte nur alleine, nicht mit anderen lachen.

Zum Glück hält das Corona-Virus nicht lange.
Es ist ja `made in china´.

Das einzig Positive am heutigen Tag war mein Corona-Test.

Alle-Kinder-Witz:
Alle Kinder spielen draußen, nur nicht Mona, die hat Corona.

Ich mache ab sofort `Social Distancing´: Ich lösche Facebook.

Eine Partnerschaftsanzeige in Corona-Zeiten:
Er mit besten Antikörpern sucht Sie mit Traumkörper.

Wir wissen noch nicht genau, wo wir dieses Jahr Urlaub machen werden, aber entweder im Wohnzimmer, Kinderzimmer oder Badezimmer.

Hoffentlich ist die Corona-Pandemie bald vorbei, damit wir endlich wieder an Schöneres denken können.
Zum Beispiel an den Klimawandel.

Was haben Gamer und Corona-Infizierte gemeinsam?
Keine Sozialkontakte, nicht rausgehen, Profits statt Hände geben.

Juhuuu! Ich habe Corona! Ich muß nicht mehr zur Oma!

Alle-Kinder-Witz:
Alle Kinder testen sich auf Corona, nur nicht Marlene,
die ist in Quarantäne.

Corona-Urlaub:
Balkongo und Bangladusche

Werbeanzeige in der Zeitung:
`Scheidungsanwalt löst Ihr Corona-Problem!´

Die neuen Corona-Maßnahmen sind jetzt:
Tragen der Maske.
Hände waschen.
2 x täglich 5 Knoblauchzehen kauen.

Das Bauunternehmen, das das Krankenhaus in Wuhan gebaut hat,
kommt nach Deutschland, um den Berliner Flughafen fertigzustellen.
Die Berliner können sich aussuchen:
diesen Montag von 8 bis 12 Uhr oder
diesen Donnerstag von 14 bis 18 Uhr.

Frau Merkel: „Die beste Waffe im Krieg gegen das Corona-Virus ist
der gesunde Menschenverstand."
Journalist: „Sie wollen also die Menschen unbewaffnet
in den Krieg ziehen lassen?"

Autofahrer zur Polizei, nachdem er eine Strafe bekommen hat:
„Wir sollen doch zwei Meter Abstand halten!
Und das hab` ich gemacht! Warum geben Sie mir jetzt eine Strafe?
Ich bin hier auf der Autobahn sogar nur 110 gefahren!"

Fragt ein Hund einen anderen:
„Warum haben jetzt alle Menschen auch Schnauzen?"

Verschwörungstheoretiker:
„Diese Bewegungen haben Corona bestimmt in die Welt gesetzt:
FKK und die Swinger Clubs."

Vier Budweiser-Flaschen stehen mit Mundschutz vor Corona-Flasche.
(Flachwitz)

„Gehen wir heute aus, Schatz?"

Schild an geschäftstüchtiger Tierhandlung
während der Hamsterkäufe:
`Hamster hier erhältlich!´

Sagt beim Händeschütteln der Lepra-Kranke zum Corona-Infizierten:
„Hier, kannst behalten."
Daraufhin der Corona-Kranke:
„Danke, Du auch."

Hat sich während der Corona-Pandemie der Klimawandel gewandelt? Man hört gar nichts mehr von ihm.

„Das Corona-Virus ist nicht echt. Es kommt ja aus China!"

Schild bei Menschenkette gegen Corona:
`Gemeinsam sind wir stark – Hand in Hand gegen Corona!´

In Corona-Zeiten:
Gemeinsam macht einsam.

Was machen die Hersteller von Hand-Desinfektionsmitteln
während Corona?
Sie reiben sich die Hände.

Im Fernsehen hieß es gerade, dass Vernunft die beste Waffe gegen das
Virus sein soll. Hab gerade an meinen Bekanntenkreis gedacht.
Wir sind alle verloren!!!

Woran erkennt man in Videokonferenzen
Mitarbeiter im Home-Office?
Wenn sie unter keinen Umständen aufstehen wollen.

Ein Zeichen für eine Corona-Erkrankung ist,
keinen Geschmack mehr zu haben.
Wenn das so ist, haben die meisten meiner Freunde Corona.

Chef beim Bewerbungsgespräch:
"Es gibt eine Lücke in Ihrem Lebenslauf.
Was haben Sie denn 2020 gemacht?"
"Isolationshaft, Hände gewaschen und Netflix geschaut."

Alle-Kinder-Witze:
Alle Kinder schauen auf das Corona-Krankenhaus,
nur nicht Klaus, der schaut raus.

Corona-Infizierter trifft seinen Freund,
der gerade negativ getestet wurde und fragt ihn:
„Dürfen wir uns die Hände geben?"
„Ja, aber nur ich Dir."
„Okay. Prima!"

Unsere Putzfrau arbeitet während Corona weiter für uns.
Sie sagt uns jeweils in der Videokonferenz, was zu tun ist.

Gibt es eigentlich auch Verschwörungspraktiker?

Evolutionsforscherin:
„Wissenschaftliche Studien haben ergeben, dass wir bereits im Jahre 2100 mit Masken bestehend aus Knorpel und Haut geboren werden."

Ein Freund zum anderen: „Corona macht blöd und gleichgültig!"
Der andere: „Keine Ahnung, ist mir egal."

Nachdem ich Dir meinen neuen Corona-Witz erzählt habe, solltest Du
bitte drei Wochen warten und erst dann schauen, ob Du lachst.

Ich kann Dir jetzt einen Corona-Witz erzählen. Aber Du musst mir versprechen, dass Du erst nach Hause gehst, bevor Du lachst.

Es gibt so viele Corona Witze:
Ist das die `Corona-Pandemie´?

Der eine zum anderen: „Wie ist es mit Maske?"
Der andere: „Einfach atemberaubend."

Wenn wir später einmal auf Corona zurückschauen, werden wir uns gerührt erinnern: „Das waren ja vielleicht verrückte 20 Jahre!"

Zwei Gastwirte während der Corona-Pandemie:
„Hast Du Dir auch schon eine Pistole gekauft?"
„Wovon denn?"

Kontaktanzeige:
`Gemeinsame Quarantäne mit attraktivem Infizierten
nicht ausgeschlossen´

Frau: „Seit der Corona-Krise habe ich Schlafstörungen und Angst.
Was soll ich tun?"
Psychiater: „Gehen Sie nachts auf die Autobahn und versuchen Sie,
die weißen Lichter zu fangen."

Treffen sich im Weltall zwei Planeten.
Sagt der eine zum anderen:
„Ich habe Homo Sapiens."
Der andere daraufhin:
„Hatte ich auch schon. Lass Dir Corona verschreiben."

Alter Mann:
„Ich liebe die Maske.
Endlich kann ich ohne meine Dritten aus dem Haus."

Motorradfahrer:
„Ich liebe die Maske.
Endlich keine Fliegen mehr zwischen den Zähnen."

Das Corona-Virus hat geschafft, was keine Frau bisher geschafft hat:
Es hat alle Bars und Sporteinrichtungen geschlossen und alle
Sozialkontakte beendet -
alle Männer sind jetzt immer brav zuhause!

Heißer Tipp:
Küchenrollen können mit dem Küchenmesser dreigeteilt werden.
Dann hat man drei Klorollen!

Frühling 2020: Wie muss man in einem Wartezimmer nicht warten?
Man grüßt alle dort Sitzenden laut
mit einem fröhlichen `Buongiorno´.

„Ist Pokern jetzt illegal?"
„Wenn Du ein Full House hast, schon!"

Berufspolitiker:
„In der Corona-Krise habe ich für jede Lösung das Problem."

Corona-Empfehlung:
`Tragen Sie ab jetzt auch zu Hause eine Maske.
Das schützt vor Gewichtszunahme´

Arzt: „Sie sind ein Verdachtsfall. Sie werden jetzt isoliert.
Sie haben zwei Möglichkeiten:
A: Sie sind mit Ihrer Frau und Ihren Kindern in Ihrer Wohnung
oder B:…"
„B. Ich nehme B. Ja B.", fällt er ins Wort.

Alle-Kinder-Witz:
Alle Kinder halten Abstand,
nur nicht Lothar, der trägt Burka.

Bislang konnte während der Lockdowns das Überleben der
Bordelle nicht gewährleistet werden.
Jetzt aber wird es staatliche Wirtschaftshilfen
durch Gummipuppen geben!

Corona kommt aus China. Das heißt,
wir müssen einfach nur warten, bis es kaputt geht.

Was ist in Corona-Zeiten der Unterschied zwischen
Irrenhaus,
Isolationshaft
und häuslicher Quarantäne?
Gar keiner.

Sticker auf Handseifen-Verpackung:
Das Virus wird über die Hände übertragen, nicht über andere Wege.
Deshalb empfehlen wir:
Handseife statt Klopapier!

Alle-Kinder-Witz:
Alle Kinder haben Freunde,
nur nicht der Jan, der kommt aus Wuhan.

Die neuen Folgen der drei ???:
Die ??? und der seltsame Mann in Isolation
Die ??? und der Gefangene im Hochhaus
Die ??? und der Detektiv mit zwei Meter Abstand

Ansteckendes Lachen bitte nur in die Armbeuge.

Was ist das:
Mit seinem Großvater auf eine Corona-Party gehen.
Aktive Sterbehilfe.

Ein Bankangestellter wirft seinen Mantel in den Fluss.
„Warum tust Du das?" fragt einer.
„Corona ist im Anzug!"

Peter wirft seine Maske aus dem Fenster.
Der Lehrer: „Was soll das? War das mit Absicht?"
Peter: „Nein, mit Corona."

Was ist besser als Porno?
Nach der Selbstisolation in den Supermarkt gehen.

Redaktionsmitarbeiter:
„Ich bin gespannt, was nach Aids, Klimawandel und Corona
die nächste Modewelle sein wird."

Sohn: „Immer nur diese Geisterspiele!
Wann können wir endlich wieder ins Stadion?"
Vater: „Das ist immer noch zu gefährlich."
Sohn: „Ich weiß, Papa. Mama sagt auch immer,
dass Geister gefährlich sind."

.

Was haben das Coronavirus und Pasta gemeinsam?
Die Chinesen haben es erfunden,
die Italiener haben es über die ganze Welt verbreitet.

In der Corona-Krise hat eine Kategorie Autos einen rasanten
Aufschwung erlebt: Cabrios!

In der Corona-Krise haben wir jetzt in der Woche zwei Mal Sex.
Ich am Dienstag und meine Frau am Donnerstag.

"Gestern habe ich gar nichts mehr beim Essen geschmeckt."
„Wirklich? Covid?"
"Nein, Tofu!"

Wenn du Kontakt suchst, greif in die Steckdose!

Bin jetzt schon zwei Wochen mit meinem Mann eingesperrt.
Virus! Bitte hole mich!

Empfohlener Anmachspruch:
Dein Lachen ist ansteckender als Corona.

Da draußen ist es nur so warm, weil mehr gemessen wird.

Alle-Kinder-Witz:
Keiner kommt hier lebend raus, außer Bent, der ist resistent.

Zwei Europäer auf einem Fleischmarkt 2019 in China:
„Hast Du schon mal Fledermausfleisch gegessen?"
„Ja, nicht schlimm, kannst Du essen.
Im allerschlimmsten Fall schmeckt`s Dir halt nicht."

Was macht ein Covid-Infizierter vor dem Bundesligaspiel?
Er fiebert dem Spiel entgegen.

Hunde:
So schön, dass Du nun immer hier bei mir bist.
Stets bist Du da und wir können miteinander spielen.
Katzen:
Warum bist Du ständig hier in meinem Haus?

Warum haben so wenige Politiker Corona?
Sie ignorieren das Problem einfach.

Aufgeregter Anruf bei der Polizei:
„Hilfe! Helfen Sie mir! Hier brechen gerade zwei Männer ein!"
Polizei: „Tut mir leid, im Moment ist keine Streife frei."
Anrufer: „Ach so. Aha…(Pause. Überlegt. Dann:)
Die tragen keine Maske!"
Polizei: „Halten sie auch den Mindestabstand nicht ein?"
Anrufer: „Nein."
Polizei: „Gut, wir sind gleich da!"

Schagzeile:
`Venedig ärgert sich: China lädt zum Maskenball!´

Lehrer zu Fritzchen:
„Warum bist Du heute zu spät?
Fritzchen: „Verkehrsstau"
Lehrer: „Aber es ist doch Online-Unterricht!"

Was macht man mit einer indigenen Amerikanerin, die Corona hat?
Man stellt sie in Squaw-rantäne.

Wie kann man während Corona vermeiden,
sich ins Gesicht zu fassen?
In jeder Hand ein Glas Wein halten.

Alle-Kinder-Witz:
Alle Kinder gehen Impfen,
nur nicht in John, der rennt davon.

Gestern kamen zwei Leute mit Mundschutz in die Bank.
Zum Glück war das nur ein Überfall!

Eintrag ins Tagebuch:
`25. Quarantäne-Tag:
Meine Frau und ich streiten uns nur noch.
Dann fing sie an, im Garten zu buddeln.
Sie sagt aber nicht, was sie dort anpflanzen möchte.´

Einer geht noch:
Der Dicke: Ein Stückchen Schokolade noch.
Der Alkoholiker: Ein Schnaps noch.
Die Leseratte: Ein Kapitel noch.
Der Serienjunkie: Eine Folge noch.
Die Regierung: Ein Lockdown noch.

In Lockdowns mit nächtlicher Ausgangssperre:
Noch nie war Versteckenspielen draußen so spannend!

DINNER FOR ONE

Neuer Trendsport 2020/21:
Zurückrennen, Maske holen!

Wenn uns die Klimakrise erwischt,
werden wir sehnsuchtsvoll zurückdenken:
Wie schön war es damals doch in Corona-Zeiten.
Da konnten wir alles einfach mit
Masken, Abstand und Händewaschen überstehen.

Größte Fehlinvestition der Jahre 2020/2021:
Der Terminkalender

Was ist die bedrohteste Vogelart?
Der Schluckspecht.
Wegen der geschlossenen Kneipen und Biergärten.

Beliebter Name für Neugeborene 1920: Anna Maria
Beliebter Name für Neugeborene 2020: Inka Rantaene

Durchsage vom Flugkapitän auf dem Flug nach Berlin:
"Aufgrund der neuen Covid-19-Lage arbeite ich heute von
Zuhause. Okay, war nur ein Scherz!"

Ich hätte nicht gedacht, dass ich einmal mit Sonnenbrille und
Maske in die Bank gehe und Geld verlange.

Das Olympische Komitee hat die fünf Ringe geändert:
Jetzt stehen sie mit Abstand nebeneinander.

Alle-Kinder-Witz:
Alle Kinder können das Essen schmecken,
außer Verona, die hat Corona.

Lieber vögeln statt hamstern!

Wie bekommt man sicher in einer vollen U-Bahn einen Sitzplatz?
Ganz entspannt das Handy nehmen
und von der schönen Reise nach Wuhan erzählen.

Theresa: „Olaf ist jetzt mit Tina zusammen."
Maria: „Ich glaube Tina hat Corona."
Theresa: „Wieso meinst Du das?"
Maria: „Sie hat offensichtlich keinen Geschmack mehr."

Die Zoos berichteten 2020 regelmäßig von großen
Menschenmengen vor ihren Zoos.
Das lag an den vielen Tippfehlern
bei den Ankündigungen der Zoomeetings.

Psychotherapeut zu Patient:
„Machen Sie sich bitte keine Sorgen.
Es ist normal, dass Sie mit Ihren Blumen zuhause sprechen.
Bitte kontaktieren Sie mich nur dann,
wenn Ihre Blumen antworten!"

Ein Arzt kommt nach dem Coronatest mit dem Ergebnis zurück zur Patientin und fragt sie, ob sie lieber zuerst die positive oder zuerst die negative Nachricht hören möchte.

Verschwörungstheoretiker:
„Ich weiss, wer das mit Corona war.
PKW's, LKW's, Flugverkehr, Schiffe, Fabriken, Kraftwerke, alles
liegt lahm und das Klima erholt sich.
Die Frage ist einfach nur: Wem nützt das alles?
Und da gibt es nur eine: Greta!"

Was hilft gegen Corona?
Hände mit Pfefferspray besprühen.
Warum?
Dann fasst man sich nicht mehr ins Gesicht.

Im Jahr 2040:
Tochter: „Mama, warum heißt meine Schwester Manila."
Mama: „Weil wir sie auf den Philippinen in Manila gezeugt haben."
Tochter: „Danke, Mama."
Mama: „Gerne, Quarantäne."

Ich wurde gerade im Supermarkt von der Security angesprochen,
ich solle mir wenigstens eine Maske anziehen.

Alle Schulen sind geschlossen. Die Zoos auch.
Die haben dafür jetzt Zoomeetings.
Haben die Baumschulen jetzt Baumeetings?

Achtung! Neue Überfallmethoden auf offener Straße häufen sich:
„Gib mir Deine Handtasche, sonst huste ich!"

Jugendlicher wird mit dem Coronavirus ins Krankenhaus eingeliefert.
Während sich sein Zustand bessert, fragt er den Arzt:
„Kann ich, wenn ich wieder ganz gesund bin, Gitarre spielen?"
Arzt: „Ja, ganz sicher."
„Au fein, Corona ist super! Ich konnte noch nie Gitarre spielen."

Ich habe mich nicht von Dir getrennt.
Wir müssen nur Social-Distancing machen.

Patient: "Wie lange dauert die Corona-Pandemie noch?"
Arzt: „Das kann ich Ihnen nicht sagen. Ich bin Arzt, kein Politiker."

2050 in Erinnerung schwelgend:
„Es war so schön, als es damals ganz still wurde,
nachdem man gehustet hatte."

Dank Corona sind die Finnen nun enger zusammengerückt!
Vor Corona waren es drei Meter, jetzt nur noch zwei!

Ich finde Corona ist gar nicht so schlecht.
Mit den Masken schauen viele besser aus als ohne!

Politiker in Europa streiten sich immer noch über die beste
Rentenreform – dabei hat doch China längst die Lösung gebracht.

Wie heißt der Gesundheitsminister von China?
Ha Chi

Zettel an Türen in Hochhaus:
`Achtung! Corona kann auch über Bargeld übertragen werden!
Falls Sie Bargeld in Ihrem Haushalt finden,
bitte unbedingt in einem Plastikbeutel vor Ihre Türe legen.
Es wird dann jeden Montag für Sie kostenlos abgeholt.´

In den USA:
Wer hat die meisten Corona-Opfer in der Welt?
America first! America first!

Alle-Kinder-Witz:
Alle Kinder tragen Masken,
nur nicht Klaas, der trägt nur das.

Der Staat muß jetzt auch Einbrechern Wirtschaftshilfen geben.
Sie können ihr Gewerbe nicht mehr ausreichend ausüben,
weil die Leute sich jetzt meist in ihren Wohnungen aufhalten.

Mann im Bordell 2021:
„Was bekomme ich für 100 Euro?"
Frau: „Für 100 Euro kann ich Dir einen husten."

Sohn in der Pandemie: „Mama, ich muss mal wieder zum Friseur!"
Papa dreht sich um, legt seine langen Haare über die Schulter und
sagt passiv-aggressiv: „Ich bin nicht Mama."

Nach fünf Tagen Maske im Büro hab ich schlechte Laune wie Darth Vader. Jetzt weiß ich, warum der immer so schlecht gelaunt war!

Kein Mensch ist unnütz.
Ich beispielsweise widme mich ganz
der Unterstützung von Netflix!

Es ist gar nicht so langweilig, zuhause zu sein. Was ist denn so
schlimm an der Quarantäne? Übrigens, ich bin gerade fertig
geworden: Meine Reisverpackung hat innen 8453 Körner Reis.

Wie schön war es doch, als ich endlich wieder zum Friseur durfte
und ich dort pausenlos mit ihm geredet habe –
wie im Lockdown damals, zuhause mit meinen Serienhelden.

Zwei Polizisten in der Polizeistation:
„Was ist eigentlich aus dem Fall der illegalen Menschenkette auf der
Corona-Demonstration geworden?"
„Hat sich von selbst gelöst."

Verschwörungstheoretiker:
„Die Ratten waren Schuld an der Verbreitung des Pest-Virus.
In China begann 2020 das Jahr der Ratte.
Ist das alles nur Zufall?"

Wenn Corona vorbei ist, mache ich mir erst mal
ein paar gemütliche Tage zuhause!

Durchsage in der Tierhandlung:
„Machen Sie keine Hamsterkäufe.
Hamster können Ihr Sozialleben nicht ersetzen."

Rundschreiben der Post während der Pandemie:
`Unsere Briefträger arbeiten zu Ihrer Sicherheit für Sie jetzt
aus dem Homeoffice – rund um die Uhr. Seien Sie unbesorgt.
Sie lesen alle Ihre Briefe und wenn etwas Wichtiges drinsteht,
werden Sie angerufen! Danke für Ihr Vertrauen.´

„Und, wer ist der Vater, wenn ich fragen darf?"
fragt der Arzt neun Monate nach Corona.
Mutter: „Immer fragen alle!
Wie soll ich das wissen, er trug doch eine Maske!"

Corona-Positiver ruft in der Corona-Telefonzentrale an und kommt in
die Wartschleife mit Musik. Dann plötzlich:
„Wenn Sie Corona-positiv sind, wählen Sie bitte die Drei."
Der Infizierte wählt die Drei.
„Sie werden in den nächsten 14 Tagen mit einem freien Mitarbeiter
verbunden. Bitte legen Sie nicht auf. Vielen Dank."
Musik. Das Requiem von Mozart.

Warum sieht man während der Pandemie
so viele Blonde auf Parties?
Sie gehen immer auf Parties, wenn ihr Computer anzeigt
`Virus blockiert!´

Großvater zu seinem Enkel:
„Weißt Du, es gab eine Zeit, da war das Motto der Menschen
Love & Peace."
Enkel: „Wie lautet denn das Motto unserer Zeit?"
Großvater: „Umgebe Dich nicht mit positiven Menschen!"

Grippe zu Corona:
„Warum reden alle immer nur über Dich!?
Durch mich sterben doch viel mehr als durch Dich!"
Corona: „Hab halt besseres Marketing."

In Italien singen Nachbarn gemeinsam auf ihren Balkonen
in der Quarantäne.
In Deutschland geschieht nun Ähnliches:
Nachbarn lesen sich
gegenseitig die Hausordnung von ihren Balkonen aus vor.

Was ist der Unterschied zwischen einem Eremiten, einem Häftling
in Einzelhaft und einem verheirateten Mann in Quarantäne?
Letzterer beneidet die beiden anderen.

Neue Harry Potter-Folgen:
Harry Potter und das Virus des Schreckens
Harry Potter und der Orden der Erkrankten
Harry Potter und die Heiligtümer des Impfstoffs

`2020´ - Written by Stephen King. Directed by Quentin Tarantino.

Die DDR-Mottowochen sind ein voller Erfolg:
Keine Auslandsreisen.
Beschränktes Kulturangebot.
Leere Supermarktregale.
Ausgelaugte Wirtschaft.

*

Für Engländer:
What should you do, if you don't understand a coronavirus joke?
Be patient.

Corona ist, wenn Deine Verwandten Dir sagen,
dass sie Dich aus Rücksicht nicht besuchen,
sie aber alle ihre Freunde und Nachbarn einladen.

Mit Maske einkaufen ist lustig. Endlich kann ich allen
die Zunge rausstrecken und keiner merkt etwas.

Corona-Abi:
Lieber Vieren als Viren

Ich hoffe, dass die Leute Corona bald etwas ernster nehmen
werden. Ich kann mir schon jetzt
die griechischen Buchstaben nicht mehr merken.

Frau mit Klopapier sucht Mann mit Dosenravioli.

UNO:
Achtung! Soldat ist mit Coronavirus infiziert!
Vorbeugend bitte alle Kriege einstellen!

Deutschland 2019: Die reichsten zehn Prozent besitzen mehr als die
Hälfte des gesamten Vermögens.
Deutschland 2020: Die dümmsten zehn Prozent besitzen mehr als
die Hälfte des gesamten Klopapiers.

Wie begann der Mathematik-Unterricht im Jahr 2021?
Mit `Covid minus 19´.

Ein Pfarrer zum anderen:
"Schlechte Zeiten, keine Hochzeiten mehr."
Der andere daraufhin:
"So ist es. Und wenn man sich nicht gelegentlich unter die
Leute mischen würde, gäbe es auch keine Taufen mehr."

Menschen 2019: zuhause vor dem Handy sitzend.
Menschen 2020 während der Quarantäne: draußen spazierengehend,
Sport treibend, Freunde treffend.

Löwe zu Gorilla:
„Wenn ich brülle, hat der ganze Dschungel Angst!"
Gorilla:
„Das ist doch gar nichts!
Wenn ich brülle, hat der ganze Wald Angst!"
Kommt ein Chinese und sagt:
„Versucht`s mal mit husten, ist noch besser!"

Chef zu seiner Frau während der Pandemie:
„Wenn ich mich früher räusperte, wurde es still im Raum
und ich bekam Aufmerksamkeit für meine Ansprache.
Heute rennen alle davon."

Heute habe ich meinem Chef die Zunge rausgestreckt,
als er direkt vor mir saß und mit mir sprach.
Als er aufhörte zu sprechen, merkte ich, dass ich meine Maske
gar nicht aufgesetzt hatte.

Neuer Beschluss des Bundesrates:
`Alle Haushalte mit mehr als zehn Rollen Klopapier
müssen ab sofort an der Außenseite ihrer Wohnungstür
als öffentliche Toilette deutlich sichtbar kenntlich gemacht werden.´

Alleinstehender zuhause:
„Das Virus ist nun schon seit zwei Jahren da.
Und noch immer hat es mich nicht erfasst.
Selbst ein Virus, das alle bekommen, bekomme ich nicht!"

„Bitte kaufen Sie in unserem Supermarkt nur mit Einkaufskorb ein.
Wir haben Corona und das ist nur zu Ihrem Schutz!"
„Danke, aber woher wußten Sie, dass ich gerade Bier kaufen wollte
und wie schützt mich denn ein Einkaufskorb?"

Die Bundesregierung verkündet:
`Um dem Problem in unserer herausfordernden Corona-Zeit zu begegnen, dass einige Stadien Fußballspiele in vollen Arenen abhalten und andere wiederum ganz ohne Publikum, haben wir für mehr Gerechtigkeit angeordnet, dass die Vereine mit den vollen Stadien die Hälfte ihres Publikums an die Vereine mit den leeren Rängen abgeben müssen.´

Früher hieß es `Maskerade´.
Heute heißt es `sich treffen´.

Angestellter am Schalter zu Kunde in der Post:
„Hier ist Maskenpflicht!"
Kunde: „Wo ist denn Ihre Maske?"
Angestellter: „Ich stehe hinter einer Scheibe."
Kunde: „Ich auch!"

Corona muss Indien ziemlich stark getroffen haben.
Habe noch keine Nachricht von Microsoft erhalten,
die mich vor einem Virus auf meinem Computer warnt.

Wie nennt man einen Mann, der immer seine Maske trägt?
Der Mann mit der eisernen Maske.

Was haben die Corona-Pandemie
und das Klima-Problem gemeinsam?
Wir meinen, dass wir beides noch in den Griff bekommen.

Single während der Partnersuche:
„Ausgangssperren, Quarantäne und Isolation sind herrlich.
Alle Singles laden mich immer gleich zu sich nach Hause ein und
schlagen sogleich vor, dass ich Mitglied ihres Haushalts werde."

Was, wenn ein Darmvirus kommt?
Kommt dann die Windelpflicht?

Warum bekommen Inuit kein Corona?
Sie sehen den Atem und können deshalb
genau den richtigen Sicherheitsabstand einhalten.

Nächtliche Party beim Après-Ski in der Bar in Ischgl:
Gast: „Haben Sie auch Corona-Bier?"
Barkeeper: „Nein, aber ich greife Ihr Glas eh
oft und lang genug an."

Fritzchen 2021 in der Schule zu seinem Schulkamerad:
"Meine Schwester macht einen Online-Tanz-Kurs,
meine Mutter einen Online-Koch-Kurs,
und mein Vater einen Kon-Kurs!"

Im Altersheim:
10. September, 10 Uhr, Anzahl der Corona-Infizierten: 21
13. September, 10 Uhr, Anzahl der Corona-Infizierten: 0

Corona-Live-Ticker in Nordkorea:
12:01 Uhr, Anzahl der Infizierten: 23
12:02 Uhr, Anzahl der Infizierten: 0

Es fing alles an mit Corona-Tests.
Heute ist die Pandemie ein IQ-Test.

Alle-Kinder-Witz:
Alle Kinder schauen Netflix, nur nicht Ben, der hat noch ISDN.

Alle-Kinder-Witz:
Alle Kinder machen home-schooling zuhause,
nur nicht Ali, der machts auf Bali.

2020/2021 – Die Jahre der Jogginghose

Kriegsführung 21. Jahrhundert:
Dem Feind ein Virus schicken.
Warten.
Hysterie und Chaos zusehen und
Leute verblöden lassen.
Feind in Jogginghosen überwältigen und Land übernehmen.

1999: "Willst Du mit mir gehen?"
2020: "Willst Du meine zweite Person sein?"

Heute ist Samstag. In jedes Zimmer habe ich zwei Bier gestellt.
Ich mache eine Kneipentour!

Wer einen Kaffeefilter als Mundschutz benutzen möchte,
sollte ihn vor Gebrauch verwenden.

Ehepaar im Lockdown:
Ehefrau 18.05 Uhr: "Findest Du, dass ich während des Lockdowns
etwas zugenommen habe?"
Ehemann 18.05 Uhr: "Ich weiß nicht so recht. Schlank warst Du ja
nie so wirklich."
Todeszeitpunkt Ehemann: 18.06 Uhr
Todesursache: Corona

Neue Folgen 2021 von den `5 Freunden´:
5 Freunde auf der Corona-Demo
5 Freunde und die Verschwörung der Theoretiker
5 Freunde und der gestohlene Impfpass

Verschwörungstheoretiker:
„Ich weiß, wer hinter Corona steckt!"
„Wer denn?"
„Tesla! Die produzieren jetzt eine neue Gesichtsmaske:
die Elon Mask!"

Schlagzeile in Fachmagazin:
`Neues Forschungsergebnis zu Nostradamus!
Neueste Erkenntnisse haben gezeigt, dass der von Nostradamus
vorhergesagte Weltuntergang, der nicht eingetreten ist, keine
Vorhersage, sondern eine Empfehlung gewesen ist!´

Wie reist Covid-19? Im Batmobil.

Die Apokalypse habe ich mir anders vorgestellt, nicht mit
Händewaschen, zuhause bleiben und sich langweilen.

Letzte Schuljahre während der Pandemie:
Die Schule war öfter dicht als wir.

Ein Panda frisst zwölf Stunden am Tag.
Ein Mensch in der Quarantäne auch.
Deswegen heißt es Pandemie.

John Travolta wurde gestern ins Krankenhaus gebracht.
Verdacht: Corona.
Aber die Ärzte haben bestätigt, dass es nur ein
`Saturday Night Fever´ war.

How do you pay? Visa, Mastercard, Klopapier?

Im Louvre bei der Corona Lisa:
Kein Bild ist hinter Glas,
nur die Mona, die hat Corona.

Neue Bände von Asterix:
Asterix bei den Coronaleugnern
Asterix und Obelix beim Testen
Asterix in Isolation

2020/2021: Revival der Zimmerpalmen!

Bei wieviel Grad wascht Ihr Euer Klopapier?

Neue Karl May-Bücher 2021 erschienen:
Winnetou und Old Coronahand
Der Schatz in der Badewanne
Der Ölprinz von Coronastan

Aus dem wahren Leben:
Mitarbeiter mit Motorradhelm am Schreibtisch.
Chef: „Warum haben Sie den Helm auf?"
Mitarbeiter: „Maske vergessen."

Der Stau in der Ferienzeit wurde wegen Corona aufgelöst,
weil der Abstand zwischen den Autos nicht eingehalten wurde.

Meine Ohren tragen meine Sonnenbrille, meine Headphones und
meine Maske. Vielleicht hänge ich noch meine Schlüssel als
Ohrringe dran, dann brauche ich
meine Handtasche nicht mehr mitzunehmen.

Frau bei Geburt:
„Was machen Sie denn da so lange, Herr Doktor?"
Doktor: „Muss ihm nur noch die Maske anlegen,
dann kann er gleich raus."

Mann mit Corona zu seiner Frau:
„Das Essen schmeckt heute wieder sehr gut, Schatz."

Deutschland dichter als die Denker.

Romantische Erinnerung an das erste gemeinsame
Konzert einer Jugendlichen:
„Ach, Liebling, war das Konzert
doch schön mit Dir.
Der Nachbar sang am Balkon, alle kaman hinaus und klopften
mit Kochlöffeln auf ihre Töpfe.
Gehen wir bald `mal wieder auf ein Konzert, Schatz?"

Stell Dir vor, es ist Lockdown und keiner geht hin.

Frau zu Freundin: „Dank Corona können wir das Zimmer
meines Mannes jetzt neu einrichten."
Freundin: „Warum?"
Frau: „Mein Mann hat es im letzten Lockdown
kurz und klein geschlagen."

Trump auf der Titanic:
„Das ist kein Eisberg!"

.

Früher bekamen Bankangestellte Angst,
wenn jemand mit Maske in die Bank kam.
Jetzt haben sie Angst, wenn jemand ohne Maske kommt.

Während der Quarantäne habe ich in meiner Wohnung gespürt,
dass auch Dinge Lebewesen wie Du und ich sind
und meine Nähe, Ansprache und Umarmungen brauchen.

Neue Bände von Asterix:
Asterix in Abstand zu Obelix
Asterix und das Römerlager in Quarantäne
Asterix und der Impftrank des Miraculix

Vater zu Mutter über seine 16-jährige Tochter:
„Ich finde das mit Corona und der Maske, dem Abstand und der
Isolation für Kathrin eigentich gar nicht so schlecht.
Wollen wir ihr nicht noch einige Jahre erzählen,
dass noch immer Corona ist?"

Wie kann man Corona und den Klimawandel gleichzeitig
bekämpfen? Es bekommen nur die eine Impfung,
die sich ein Elektroauto kaufen.

Schule 2020:
Und es hat Zoom gemacht!

Corona und Grippe gehen ins Bordell.
Grippe: „Welche nimmst Du?"
Corona: „Egal, ich hatte sie schon alle!"

Chuck Norris hatte Kontakt mit dem Corona-Virus!
Das Corona-Virus muss jetzt für 14 Tage in Quarantäne.

Warum tragen Hipster während der Pandemie lange Bärte?
Damit man sie auch mit Maske erkennen kann.

Die Grenzen sind zu, Regale sind leer. Willkommen in der DDR.

Warum werden Hipster 2035 keine Bärte mehr tragen?
Weil es dann keine Maskenpflicht mehr geben wird.

Der Faktencheck hat ergeben:
Geisterspiele im Stadion stellen kein Problem dar.
Denn Geister sind schon tot.

Schlagzeile in den Medien:
´Verschwörungstheoretiker und Heil-Praktiker
gemeinsam auf Corona-Demonstrationen!´

Anmachspruch 2021:
„Wow! Ich kenn Dich! Bist Du Corona?
Du hast mir den Atem geraubt!"

Schüler 2021:
„Wir distanzieren uns von der Schule."

Chinese zu Deutschem: „Was ist Eure Corona-Strategie in
Deutschland?
Lockdown oder kein Lockdown, Maske oder keine Maske,
Impfpflicht oder keine Impfpflicht?"
Deutscher: „Wir machen immer alles gleichzeitig, da kann man
nichts falsch machen!"

Polizei gibt geänderten Warnhinweis bekannt:
`Hände hoch oder ich niese!´

Autofahrt während der Familien-Quarantäne:
Sohn: „Papa, wo ist Mama?"
Papa: „Im Kofferraum. Zwei Meter Abstand."

Vater zu Sohn: „Hattest Du schon mal Sex, mein Sohn?"
Sohn: „Klar, Papa! War grad gestern wieder mit einer
Zwei-Meter-Abstand-Gehen!"

Dank Corona habe ich meine Traumfrau mit den Maßen 90-60-90
und lautem Temperament gefunden. Ich umarme sie nun täglich:
meine geliebte Waschmaschine.

Mir wurde gesagt, dass man im Supermarkt jetzt nur
mit Maske rein darf. Ich habe das auch so gemacht.
Aber das stimmte gar nicht. Die anderen trugen auch Kleidung!

Beginn des Zoom-Meetings der Firma:
Chef: „Guten Morgen allerseits, wie geht`s?"
Angestellter: „Danke, `tschuldigung noch für die Verspätung. Aber
der Verkehr heute Morgen war fürchterlich."
Chef: „Aber Sie sind doch im Home-Office…"

„Papa, können wir etwas gegen die Klimakrise tun?"
„Na klar! Abstand halten, Hände waschen und Maske tragen."
„Versteh ich nicht…"
„Ich auch nicht, aber irgendwas müssen wir ja machen
- genau wie gegen Corona."

Zungenbrecher:
Omi hat bald Omicron,
denn Omicron hat Opi schon.

Virologen logen
(Flachwitz)

Glücklicherweise kommt das Virus aus China.
Was wäre nur, wenn es ein Original wäre?

Alle-Kinder-Witz:
Alle Kinder leben isoliert,
nur nicht Wendy, die hat schon ein Handy.

Warum haben
Donald Duck, Daisy Duck, Dagobert Duck
und Tick, Trick und Track Corona?
Sie können keine Maske tragen.

Frau Dornbrink: „Heute habe ich mich so richtig hübsch gemacht, aber keiner hat sich nach mir umgeschaut.
Wissen Sie, woran das liegen könnte?"
Psychologe: „Sie waren mal wieder in Isolation allein zuhause."

Alle-Kinder-Witz:
Alle Kinder tragen Masken,
nur nicht Gernot, der hält sich ans Vermummungsverbot.

Ich verstehe das mit dem Protest nicht.
Sollte nicht jeder pro Test sein?

Bester Anmachspruch für Jungs 2021 für normale Mädchen:
„Ich hab kein Corona."
Bester Anmachspruch für Jungs 2021 für wilde Mädchen:
„Ich hab Corona."

Schlagzeile in den Medien:
`Udo Jürgens starb, nachdem er
sein neuestes Lied komponiert hatte:
„Ich war noch niemals in Wuhan…“
Ist er doch dort gewesen?´

Neues Lied von Helene Fischer:
`Atemschutz´

Wenn Du Dich zu sehr beschwerst, bedenke:
Da ist jemand in Quarantäne mit Deiner/m Ex.

Neuer Song von Dschingis Khan:
`Sag-, Sag-, Sagrotan´

Neue Folgen der ???:
Die ??? langweilen sich zuhause
Die ??? und das leere Regal
Die ??? und das Geisterspiel

Mit einem sprachfreudigen Kind in Quarantäne zu sein,
ist wie mit einen verrückten Papagei
auf der Schulter zu leben.

Zwei Großmütter geben mit ihren Enkeln an.
Die eine zur anderen: „Meine Enkel sind so gut zu mir im Social
Distancing, dass sie mich nicht einmal anrufen!"

Mein Mann gab mir einen Dart-Pfeil und sagte:
„Wirf den Pfeil auf unsere Landkarte an unserer Wohnzimmer-
Türe. Wo immer er landet, werde ich Dich hinentführen,
wenn der Lockdown endlich vorbei ist."
Leider verbrachten wir dann
zwei Wochen neben der Wohnzimmer-Türe.

Meine Mutter sagte stets zu mir, ich würde nichts erreichen, wenn
ich immer nur im Bett liegen würde.
Jetzt aber kann ich ihr sagen:
„Schau, Mama, ich rette die Welt!"

Nach Jahren, in denen ich unbedingt meine Wohnung und Schränke
einmal so richtig aufräumen wollte, aber nie Zeit dafür hatte, habe ich
während Corona festgestellt, dass das mit der Zeit
nicht der Grund gewesen ist.

Deutschland hat es erfogreich geschafft, die vierte Welle zu
verhindern, indem es die erste weiterlaufen und wachsen ließ.

Die WHO verkündet, dass Hunde nicht Covid-19 bekommen
könnten. Hunde, die bislang in Quarantäne gehalten wurden,
können jetzt wieder rausgelassen werden.
Um es nicht bei der Anspielung zu belassen:
WHO let the dogs out!

Seit wir im Lockdown drinnen sind,
machen wir nur noch Insider-Witze.

Sie: „Liebling, wollen wir es vielleicht mal
ohne Gummi versuchen?"
Er: „Wie soll meine Maske denn dann halten?"

Heute Morgen habe ich unseren Nachbarn gesehen, wie er zu
seiner Katze gesprochen hat. Er dachte offensichtlich,
dass die Katze ihn verstehen würde. Ich kam nach Hause,
habe das meinem Hund erzählt und wir haben zusammen gelacht.

Nichts ist so schön wie auf der Couch zu entspannen nach einem
langen, intensiven Tag auf der Couch.

Tag 156 zuhause und mein Hund schaut aus wie ich.

Tag 178 zuhause und mein Hund sagt zu mir: „Siehst Du?
Jetzt verstehst Du, warum ich immer unsere Möbel ankaue."

Marktleiter vor seinen Mitarbeitern im Supermarkt:
„Was machen wir im Worst-Case-Szenario,
wenn alle Dosen ausverkauft sind?"
Angestellter: „Wurst, Käse anbieten?"

Wie nennt man jemanden, dessen Leben sich während und nach
einer Quarantäne nicht geändert hat: einen Introvertierten.

Lockdown heisst, dass man jeden Tag neu entscheiden muss,
welches Outfit man im Wohnzimmer tragen soll.

Karl Lagerfeld sagte: „Wer im Alltag Jogginghose trägt, hat die
Kontrolle über sein Leben verloren."
Interessant, dass ihn der liebe Gott geholt und stattdessen
der Jogginghose neues Leben eingehaucht hat.

Ich hab Corona. Wuhan hat`s gelegen?

Was ist der Unterschied zwischen Covid-19 und Romeo und Julia?
Das eine ist das Corona-Virus und das andere eine Verona-Krise.

Wer hatte die meisten Follower 2021?
Das Corona-Virus.

Leute die denken, dass der Impfstoff ihre DNA verändert,
sollten das als Chance begreifen.

Neue Folgen 2021 von den `5 Freunden´:
5 Freunde und der Mann mit der schwarzen Maske
5 Freunde und die Frau mit der roten Maske
5 Freunde und der Mann ohne Maske

Am Telefon: „Ja, natürlich habe ich Pläne für heute abend.
Ich rocke wieder mein Wohnzimmer ab 20 Uhr!“

Wo werden Corona-kranke Kreuzfahrtschiffe wieder gesund?
Beim Dock.

Was sagten die Astronauten zur NASA,
als diese sie zur Erde zurückholen wollte?
„Danke, sehr nett, aber… nein danke."

Für Hipster:
Wie heißen Gesichtsmasken aus nachhaltigen Kaffee-Filtern
in hippen Coffeeshops?
Coughy Filter

Zwei Verschwörungstheoretiker:
„Wieviel kostet uns wohl eine Curry-Wurst in 10 Jahren?"
„1.400 Yuan"

Verschwörungstheoretiker:
„Das mit den Varianten stimmt gar nicht.
Es gibt gar keinen Unterschied zwischen der
Alpha- und Delta-Variante.
Das ist alles das gleiche: Griechisch!"

Wie nennt man es, wenn man in der Quarantäne die Türe öffnet
und kurz schaut, wie das Wetter draußen ist?
Outdoor-Aktivität.

Was ist das langweiligste am Home-Schooling für Schüler?
Dass keiner merkt, wenn man schummelt.

Zu glauben, dass eine Maske verhindert, dass sich Covid-19
verbreitet, ist wie davon auszugehen,
dass Unterhosen andere vor einem Pups schützen.

Früher war es einmal andersherum:
Jetzt gehen die Alten raus und die Jungen rufen ihnen nach,
dass sie sofort zurück nach zuhause kommen sollen.

Wetterfrosch vom Wetterbericht erlaubt sich kleines Spässchen:
„Und die Temperatur heute in Deutschland? Raumtemperatur."

"Was hamstern die Italiener, die Franzosen und die Österreicher in
der Krise? Die Italiener Rotwein, die Franzosen Kondome,
die Österreicher Klopapier."

Wie werden die Kinder genannt,
die neun Monate nach Quarantäne geboren werden?
Children of the Quarn.

Verschwörungstheoretiker:
„Wie wird das Jahr 2020 von China in 10 Jahren genannt werden?
Das Jahr der Fledermaus."

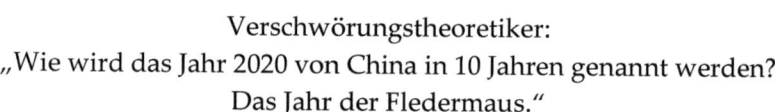

Wie wird Quentin Tarantino genannt, wenn er Corona bekommt?
Quentin Quaranteno

Der Lockdown macht uns zu Hunden:
Wir liegen den ganzen Tag zuhause rum
und suchen nach Nahrung.
Uns wird ständig gesagt,
dass wir nicht nah an Menschen gehen dürfen.
Und wir freuen uns riesig, wenn wir mit Maulkorb zum Einkaufen
um den Block gehen dürfen.

Drittklässler zu Zweitklässler:
„Ich hab meine Hände so oft gewaschen, dass meine Notizen
wieder zum Vorschein gekommen sind, die ich für eine Prüfung in
der zweiten Klasse auf meine Hände geschrieben hatte."

Empfehlung für alle während der Pandemie:
`Porträtfoto mit rotem Pfeil nach oben auf T-Shirts drucken lassen.
So weiß jeder trotz Maske, wer man ist.´

Frau, wütend, findet ihre Maske wieder nicht:
„Jetzt reichts! Ich trag jetzt meinen BH."

Frau zu Freundin:
„Hätte nie gedacht, dass selbst unsere bravesten Freundinnen
mittlerweile schwarze Masken tragen und wir uns darüber
unterhalten, welche Reizwäsche am besten zu welcher Maske passt."

Ausdruck, der mit der Maskenpflicht
im Jahre 2021 ausgestorben ist:
`Keep smiling´

„Wissen Sie, wogegen Sie gerade geimpft wurden?"
„Ja! Gegen meinen Willen!"

Was haben Spielzeug und das Corona-Virus gemeinsam?
Beides wird in China produziert und jetzt hat es die ganze Welt.

Vorsicht!
Wenn Sie im Internet einen Corona-Soforttest mit folgender
Aufforderung finden, könnte es sein, dass es sich nicht um eine
autorisierte Teststation handelt:
`Husten Sie auf den Bildschirm.
Geben Sie Ihren Namen und Ihre Anschrift ein.
Geben Sie
Nummer, Ablaufdatum und CVC-Code ihrer Kreditkarte ein.´

Achtung! Ausrede, die bei der Ehefreu 2021 nicht funktioniert:
„Schatz, ich kann nicht, ich bin morgen
mit Freunden beim Geisterspiel."

Zum Abschluss ihrer Rede:
„(…) Ich sehe immer wieder Paare, bei denen die Frau Maske trägt
und er nicht. Und das war es auch schon.
Mehr muss man dazu wohl nicht sagen.
Herzlichen Dank für Ihre Aufmerksamkeit
und Ihr Interesse am Feministischen Manifest."

Bei der Impflotterie: „Kann ich hier Corona gewinnen?"

„Ich werde jetzt gleich meine Maske absetzen
und dann in Ihre rechte Ellenbeuge niesen. Sind Sie bereit?"

Wenn ich meine schwarze Maske trage, sehe ich aus wie ein Ninja:
Allerding wie ein müder, gestresster
und gelangweilter Ninja mit ausdruckslosen Augen.

Nachfolger Bin Ladens geht in Shopping Center und hustet.
(Flachwitz)

Was haben Corona-Impfungen und neue Smartphones gemeinsam?
Sobald man sie bekommen hat,
gibt's schon wieder neue, die man haben muss.

Blondine:
„Die Covid-Impfung bietet keinen Schutz.
Mein Freund hat schon die zweite bekommen.
Und trotzdem war er im Krankenhaus,
nachdem er sich beim Fußballspielen verletzt hat!"

"Wir dürfen ja nicht mehr zum Friseur. Weiß jemand, wann wir uns
wieder duschen und nicht mehr nur die Hände waschen dürfen?"

Was ist das, wenn sich viele Corona-Varianten vermischen?
Eine Corona-Party.

Security-Mann: „Entschuldigen Sie bitte, aber wegen Corona
dürfen Sie im Swimmingpool nicht schwimmen."
Hübsche Frau: „Darüber hätten Sie mich aufklären können,
bevor ich mich umgezogen habe!"
Security-Mann: „Dafür gibt es kein Verbot."

Was ist der Unterschied zwischen vegan leben und Covid-19?
Der Geschmacksverlust bei Covid-19 ist nur temporär.

Mit Maske in der Schlange in der Bank zu stehen ist so,
als hätten alle die gleiche Idee: die Bank überfallen.

Enkel am Telefon:
"Oma, schick mir 50 Euro oder ich komme Dich besuchen!"

Für Engländer:
How gives a vampire Covid-19 to the other?
By coffin on him!

Wie nennt man die Nation mit den meisten Corona-Fällen?
Coronation

Mann in der Nähe der Impfstelle fragt Passanten:
„Wissen Sie, wo hier geimpft wird?"
Passant: „Meistens im linken Oberarm."

Ich brachte eine Schale voll mit Chili und gab sie meinen Gästen,
alles Impfgegner, und sagte ihnen, dass sie das als Corona-Test
nehmen könnten. Sie fanden das etwas geschmacklos.

.

Virologe mahnt:
„Wir bitten in der Pandemie die Menschen inständig, Abstand zu
halten und nur noch das Invitrofertilisationsangebot wahrzunehmen.
Danke!"

Seit ich meine Corona-Impfung bekommen habe,
fühle ich mich abgeschlagen und bleibe lieber im Bett.
Gut, dass also alles wie bisher ist
und es keine Nebenwirkungen gibt.

Meine Freundin hat gerade ihre erste Impfung bekommen.
Ich habe sie gefragt, wie es war.
Sie: „Es ist wie Sex mit Dir:
Ich hab beim Eindringen nichts gespürt
und dann war es nach fünf Sekunden auch schon wieder vorbei."

Lehrerin im Mathematik-Unterricht:
„Klaus: Zwei Masken schützen Dich und andere besser als nur eine.
Noch zwei weitere darüber zu tragen, schützt Dich und andere noch
mehr. Und wenn Du noch drei weitere darüber trägst, ist es noch
sicherer für alle. Wie viele Masken musst Du tragen,
damit es am sichersten für Dich und andere ist?"

Verärgerter Wutbürger:
„Wenn die zweite Impfung uns erst wirklich Immunität gegen
Corona gibt, warum haben sie uns die nicht als erstes gegeben?"

Schade, alle positiven Leute sind jetzt immer isoliert.

Im Umgang mit Corona halte Dich einfach an Darth Vader:
Besuche nie Deinen Sohn.
Folge den Befehlen.
Trage Maske.
Sei sozial und emotional distanziert.

Fritzchen zu seiner Mutter:
„Mama, Papa hat gesagt, es gibt jetzt zwei Pandemien:
Corona und Dummheit. Stimmt das?"

Gegnerin der Corona-Maßnahmen beim Vorlesen:
„Ja, Peterchen. Pinochio lügt,
und dann bekommt er eine Abstandsnase.
Wenn er aber aufhört zu lügen,
muss er auch nicht mehr Abstand halten."

Schlagzeile in Tageszeitung:
`Streunender Mann mit Hundemaske auf allen Vieren
im Lockdown draußen gesichtet!
Nach eigenen Angaben sei er divers und fühle sich als Hund und
Hunde dürften draußen sein.´

In den Nachrichten 2020:
`Nachdem aus zahlreichen Fenstern regelmäßig elektronische
Geräte geworfen wurden, wann immer `Driving Home for Christmas´
im Radio gespielt wurde, wurde dieser Song nun zensiert und wird
wegen Gefährdung der Allgemeinheit nicht mehr gespielt.´

Was antwortete ein genervter Vater Weihnachten 2020
seinen Kindern auf die Frage, nachdem er seine Reise nach Hause
nicht antreten konnte?
„Warum haben es Maria und Joseph nicht rechtzeitig nach
Bethlehem geschafft? Alle Virgin-Flüge waren gestrichen."

Neue Verschwörungstheorie:
Dahinter steckt die Burka-Industrie!

Ich wurde aus dem Krankenhaus geworfen,
nur weil ich gesagt habe: „Bleibt positiv!"

Zu 99% wird das Corona-Virus durch die Medien übertragen!

Darf man im Lockdown eigentlich in die Sauna gehen?
Ja sicher. Nur darf man sie dann nicht mehr verlassen!

Was machen Leute während der Quarantäne?
Sie schauen Covid-eos.

Wer hat Schneewitchen in den Sarg gebracht? Sneezy.

„Du hast Dein Leben lang Hot Dogs und Bic Macs gegessen und willst Dich nicht impfen lassen, weil Du nicht weißt, was drin ist?"

Eine Frau steigt in einen Bus mit ihrem Baby.
Der Fahrer sagt: „Oh, dass ist das hässlichste Baby, das ich jemals
gesehen habe! Liegt das an Corona?"
Die Fau setzt sich wütend ganz nach hinten in den Bus und sagt zu
ihrem Sitznachbarn: „Der Fahrer hat mich gerade beleidigt!"
Daraufhin der Mann: „Gehen Sie einfach zu dem Fahrer und sagen
ihm, er möge sich entschuldigen.
Ich halte in der Zwischenzeit ihr Äffchen."

Schild auf Anti-Corona-Demonstration:
`Aufpassen! Aus sicherer Quelle ist bekannt, dass die Stadt Wien
Mitarbeiter unter den Kanaldeckeln versteckt hat, die uns in die
Waden impfen wollen. Hohe Stiefel anziehen!´

Ich setze meine Maske auf für eine
aufregende Nacht mit meiner Frau.
Frau: „Gehst Du raus?"

Was haben die gewonnene Wahl Trumps und Corona gemeinsam?
Langzeitauswirkung.

Wie nennt man fünf streitende Leute vor der Impfstation:
Moderna Fünfkampf

Achtung! Coronawitze verbreiten sich viral!

Lockdown:
Nagelstudios, Friseur-Salons, Bräunungsstudios, Fitness- und
Wellnesscenter wieder geschlossen.
Die Zeit der häßlichen Menschen ist wieder da!

Chef:
„Meine Mitarbeiter haben mich gelehrt, dass
es besonders viele Corona-Verdachtsfälle
vor allem montagmorgens gibt.
Und dass keine Ansteckungsgefahr
an Wochenenden gegeben ist.“

Schild eines Impfgegners auf Demo:
`Wegziehn statt vaccine!´

„Habe meinen Freund zur Impfung geschickt.
Aber es hat nichts genützt.
Noch immer ist er beim Sex so schnell außer Atem."

„Ich habe einen Impfstoff gegen Corona entwickelt."
Astrid Zeneca, 48, Wissenschaftlerin

Corona-Querdenker:
„Mücken sind von der Regierung gezüchtete und dressierte Tiere,
die eingesetzt werden, um den Menschen den Corona-Impfstoff
unbemerkt einzuspritzen."

Wie nennt man jemanden,
der während der Quarantäne trotzdem raus geht und Leute trifft?
Einen Extrovertierten.

Hätte nicht gedacht, dass negativ zu sein jemals
lieber gesehen wird als positiv zu sein.

Meine Katze ist mich nicht mehr gewöhnt.
Sie starrt mich in all ihren wechselnden Positionen in der Wohnung
immer nur verwundert an.

Wie heißt der derzeit meistverkaufte Dildo?
Coronakrisenstab.

Ich weiß gar nicht, ob wir im Lockdown sind oder nicht.
Mein Freund liegt immer auf der Couch und schaut Netflix.
Vielleicht sollte ich es herausfinden,
indem ich einmal das Passwort ändere.

Stars melden sich übers Internet, singen Lieder und sagen uns, wir
sollen uns keine Sorgen machen. Nachdem man aber sieht,
wie sie in die Kameras schauen,
habe ich mir zum ersten Mal wirklich Sorgen gemacht.

Hat jemand den Österreichern schon erzählt, dass es Corona gibt?

Wir haben jetzt alle Türklinken in unserem Haus entfernt und freuen uns, demnächst Personen aus einem anderen Haushalt einzuladen.

Telefonate dauern im Lockdown immer endlos.
Man kann nicht mehr sagen:
„Na gut, so, ich muß dann jetzt auch los."

Krankenschwester: „Sie waren jetzt ein Jahr im Koma
und sind gerade wieder aufgewacht."
Patient: „Oh, ist das schön! Wissen Sie, am meiste freue ich mich jetzt
darauf, endlich all meine Freunde und Verwandten wiederzusehen.
Ich werde sie alle einladen
und richtig ausgelassen feiern!"

Die Corona-Symptome sind etwa so, wie wenn Deine Frau Dein
Smartphone checkt:
Atemnot
Schweißausbruch
Schwächeanfall
Kopfschmerzen
Bauchweh
Und wenn sie Dir dann Fragen stellt und Du antworten musst,
kannst Du Dich nur räuspern und husten.

Alle-Kinder-Witz:
Alle Kinder sind in Quarantäne,
nur nicht Franz, der liegt in der Ambulanz.

Urlaub in Deutschland finde ich eigentlich toll.
Eine Regenjackenfigur bekomme ich nämlich hin!

Ich ging nachts zum Kühlschrank
und mußte die Nase rümpfen vor Gestank.
Ich nahm nichts und ging wieder zurück ins Bett
Meine Frau: „Hast Du etwas gerochen?"
„Ja! Du hast Tilsiter Käse gekauft!"
Sie: „Gut. Dein Corona-Test ist negativ.
Wir brauchen morgen früh nicht zum Testen zu fahren
und ich kann ausschlafen."

Das Corona-Virus ist derzeit noch wie meine Freundin.
Es kam, um mit allen anderen zu sein, aber nicht mit mir.

Corona war nicht Trumps Schuld. Und Ebola nicht die von Obama.
Und SARS auch nicht jene von Bush.
Nur einige Fälle von Herpes sind auf Clinton zurückzuführen.

Hätte nie gedacht, dass ich in meinem Alter noch einmal
Stubenarrest bekomme.

Meine Frau war beunruhigt wegen unserer Kreuzfahrt und Corona.
Ich habe sie beruhigt und gesagt:
„Keine Sorge, wir sitzen alle im selben Boot."

Warum fliegen Spatzen immer noch überall herum?
Weil die Regierung ihr Leben noch nicht reguliert hat.

„Ich kenne noch einen Corona-Witz.
Aber der ist noch in der Testphase."